W0039409

Klaus-D. Heid / Regina Vetter

Sex
für
Motorradfahrer

ISBN 3–8231–1326–7

Dieses Werk ist einschließlich aller seiner
Teile urheberrechtlich geschützt.
Jede Verwertung außerhalb der engen Grenzen des Urheberrechts
ist ohne Zustimmung des Verlages unzulässig und strafbar.
Dies gilt insbesondere für Vervielfältigungen, Übersetzungen,
Mikroverfilmungen und die Einspeicherung und
Verarbeitung in elektronische Systeme.

© 2002, Tomus-Verlag GmbH, München

www.tomus.de

Inhalt

Die Qual der Wahl...

Mein Leben wird von zwei Leidenschaften bestimmt. Eine dieser Leidenschaften hat lange blonde Haare, ist 28 Jahre alt – und heißt Biene. Die andere Leidenschaft hat vier Ventile, zwei Zylinder, ist schwarz wie die Nacht – und fühlt sich unter mir genauso scharf wie Biene an.

Eigentlich kann ich mich wirklich nicht beklagen, wenn es um die Befriedigung meiner männlichen Bedürfnisse geht. Mit Biene kann ich mich nächtelang im Bett tummeln, ohne auch nur eine einzige Minute Langeweile zu verspüren.

Mit meiner BMW R 1150 RT kann ich nächtelang über den Asphalt jagen, ohne auch nur einen einzigen Moment den Spaß am Motorradfahren zu verlieren. Theoretisch ist also alles in bester Ordnung. Theoretisch! Praktisch gibt's da ein kleines Problem, das den Spaß an beiden Leidenschaften etwas trübt ...

Biene hasst Motorräder!

Damit könnte ich ja noch leben. Soll Biene ruhig mit ihrem kleinen Fiat durch die Gegend fahren. Kein Problem! Ich hab's längst aufgegeben, sie zum Mitfahren zu überreden. Das Problem ist vollkommen anders gelagert und betrifft gleichzeitig meine liebsten Freizeitvergnügungen.

Ich kann's nur noch auf dem Motorrad machen!

Typ: Gespannfahrer
Positiv: Bettzeug immer gut gelüftet
Qualitäten: durchtrainierte Oberarme

Tatsache! Im Bett klappt's nicht mehr! Aber kaum spüre ich das herrlich weiche Leder unter meinem Hintern, steht jenes Körperteil, das auf dem Bettlaken so kläglich versagt. Kaum rieche ich den Duft der endlosen Freiheit, die mein Maschinchen versprüht, wächst etwas heran, das sich nur mit „emotionaler Potenzpsychose" erklären lässt. Da ich nun Biene absolut treu bin, freut mich zwar meine mögliche Potenz, aber sie nutzt mir nichts. Sie verpufft sozusagen wie ein Koitus Interruptus nach dem anderen und lässt mich nach jeder Tour unbefriedigt von der Maschine klettern.

Mit Biene habe ich natürlich über das Problem eindringlich gesprochen. Ich hab ihr gesagt, dass ich wahnsinnig gerne wieder der Mann sein möchte, den sie kannte, bevor meine Potenz sich geweigert hat, sich im Bett zu zeigen. Ich habe sie geradezu angebettelt, es nur ein einziges Mal mit mir auf meiner Maschine zu treiben, damit sie selbst den ungeheuren Kick spüren kann, der dadurch erzeugt wird.

„Liebling ... Bienchen ... nur ein einziges Mal, ja? Ich bin ganz sicher, dass du danach nie wieder Lust im Bett verspüren wirst ...! Wenn du's nur einmal mit mir auf der BMW machst, bist du ein neuer Mensch! Ehrlich!"

Sie sagt, dass ich einen Vogel hätte und dass sie nicht im Traum dran denkt, auf Sex im Bett zu verzichten. Sie wäre noch bereit, es mit mir auf dem Teppich, dem Sofa und auch in der Badewanne zu treiben, aber niemals auf einem Motorrad! Außerdem sagt Biene, dass sie genug Männer kennt, die auch ohne Motorrad potent sind. Wenn ich denn nur noch auf zwei Rädern einen Ständer bekomme, soll ich mich schon mal nach einer anderen Freundin umsehen. Peng! Das hat gesessen! Sie stellt mir ein Ultimatum, das mich zwischen zwei wundervollen Liebschaften entscheiden lässt.

Wie schön war's noch, als Biene und ich uns im Bett gewälzt haben, bis der Morgen graute. Wie schön war's, als ich mich wie ein junger Stier auf mein Bienchen gestürzt habe, bis sie lustvoll einen Orgasmus nach dem anderen erleben konnte. Wie unendlich traurig wär's, wenn ich nie wieder Bienchens heisere Schreie nach einer Zugabe hören würde, weil sich unsere Wege für immer getrennt haben ...

Somit stehe ich also vor einer Entscheidung.

B oder B. BMW oder Bienchen. Sekt oder Selters. Das satte Röhren meiner Maschine oder das orgiastische Stöhnen meiner Biene. Keine einfache Entscheidung. Wirklich. Beide sind mir lieb und teuer. Beide bedeuten mir etwas. Aber wer oder was bedeutet mir mehr? Bei welcher meiner Leidenschaften kann ich sicher sein, dass sie mir treu bleibt? Bei Biene? Kann es nicht sein, dass ich mich von meiner BMW trenne – und Biene lässt mich wie eine heiße Kartoffel fallen?

Umgekehrt ist das weniger möglich. Meine BMW bleibt solange treu, wie ich es will. Ich muss bei ihr nicht eifersüchtig sein. Ich brauche nie zu befürchten, dass sie mir einen Zettel hinterlässt, auf dem steht:

„Hab keinen Bock mehr auf dich. Hole mein Zeug später ab. Bis dann."

Ein bisschen tut es mir schon um Biene Leid. Sie wird mich wahrscheinlich nicht verstehen, obwohl sie genau weiß, wie sehr ich an meiner Maschine hänge. Ich kann nur hoffen, dass Biene mir nichts nachträgt, wenn ich mich doch lieber für die BMW entscheide.

Vielleicht findet sie ja einen Kerl, der ein anderes Hobby hat?
Vielleicht ist es ja ein Kerl, der nur einen hoch bekommt, wenn er es mit Biene auf der elektrischen Eisenbahn treiben kann? Wer weiß, wer weiß ...

Nach schwerer Enttäuschung . . .

Jeanette

Eigentlich bin ich ja aus dem Alter raus, in dem ich mich noch für heiße Öfen begeistern kann. Mit knapp fünfzig Jahren bevorzuge ich eher die konservative Fortbewegung in einem bequemen Fahrzeug, das mich langsam und genüsslich über die Straßen gleiten lässt. Schon der Gedanke daran, dass ich mich bei Wind und Wetter – ohne Dach über dem Kopf – auf einem viel zu schmalen Sitz quälen müsste, hat mir immer Angst eingejagt.

Ich bin eben ein typischer Langweiler, der lieber die Geborgenheit von Airbags und Sicherheitsgurten genießt, bevor er mit gebleckten Zähnen Fliegen fängt. Ich habe zwar keine Klorolle und auch keinen Wackeldackel im Heck meines Wagens verstaut, aber ich habe durchaus schon daran gedacht, mich aus Sicherheitserwägungen heraus, für einen Volvo zu entscheiden. Geschwindigkeit spielt keine Rolle für mich. Bequem und sicher losfahren und ausgeruht und gesund ankommen – das ist meine Devise. Jedenfalls war das meine Devise, bevor ich Jeanette kennen lernte. Normalerweise stoppe ich nicht, wenn ich am Straßenrand Leute winken sehe. In der heutigen Zeit ist es viel zu gefährlich, nett und hilfsbereit zu sein. Dass ich dieses Mal eine Ausnahme machte, lag vielleicht ein winziges bisschen an der Erscheinung, die wild wedelnd an der Straße stand. Erst wollte ich wie immer weiterfahren. Dann sah ich jedoch diese Frau etwas genauer, die in irrsinnig körperbetontem schwarzem Leder gekleidet, auf ihr Problem aufmerksam machte. In der linken Hand hielt sie einen schwarzen Motorradhelm. Während sie mir hilfesuchend zuwinkte, flatterten ihre langen pechschwarzen Haare im Wind. Was ich da sah, war nicht nur einfach eine x-beliebige Frau, deren Alter ich auf etwa

Die WAHRHEIT über meine ERSTE BEULE.

(Meinen Jungs habe ich damals erzählt, irgendwas mit der Bremse hätte nicht gestimmt.)

dreißig Jahre schätzte. Es musste sich vielmehr um die Reinkarnation einer Göttin handeln, die offenbar Schwierigkeiten hatte, mit den technischen Raffinessen der Gegenwart klar zu kommen. Konnte ich achtlos an einer Göttin vorbeifahren? War es nicht sogar Sünde, sie zu ignorieren? Ich trat auf die Bremse, brachte meinen Wagen zum Halten und stieg aus – mit dem unkontrollierbaren Lächeln eines Gentlemans. Je mehr ich mich der schwarzen Göttin näherte, umso sicherer wurde ich mir, die richtige Entscheidung getroffen zu haben. Was für ein Gesicht! Welch wunderbar volle Lippen sich da öffneten, um mir mit samtweicher Stimme entgegen zu hauchen:

„Meine Karre hat den Geist aufgegeben. Ob Sie mich wohl bis zur nächsten Telefonzelle mitnehmen können, ja? Ich heiße übrigens Jeanette. Jeanette Kramer."

Mit jedem Atemzug dieser Jeanette wölbten sich mir Brüste entgegen, die sich offenbar unter Leder sauwohl zu fühlen schienen. Die leicht gerötete Gesichtshaut der jungen Frau zeigte, dass sie schon eine ganze Weile in der Kälte dieses Märzabends gewartet haben musste.

„Natürlich nehme ich Sie mit!", antwortete ich, „bis in den nächsten Ort ist es nicht sehr weit. Kommen Sie – Sie sind ja schon völlig durchgefroren!"

Und Jeanette stieg zitternd in meinen Wagen. Insgeheim stellte ich mir die Frage, ob Jeanette unter ihrer Lederkluft nackt sei. Bevor ich jedoch länger darüber nachdenken konnte, beantwortete Jeanette die Frage selbst, indem sie plötzlich anfing, sich auszuziehen!

„Es stört Sie doch nicht, oder? Ich hab hier im Rucksack was zum Umziehen dabei. Sie können ja solange wegschauen, wenn Sie unbedingt wollen ...“

Ich wollte nicht – und tat's trotzdem. Verdammte alte Schule des Anstandes! So musste ich mich also damit begnügen, dem langsamen Öffnen ihres Reißverschlusses zu lauschen. Es musste mir reichen, den atemberaubenden Körper von Jeanette aus den Augenwinkeln betrachten zu können, während sie ungehemmt ihre Ledermontur gegen eine nicht weniger enge Jeans und einen Pullover tauschte. Zumindest wusste ich nun, dass sie tatsächlich nackt in ihren Lederklamotten gesteckt hatte!

„Fertig! Sie können wieder hersehen. Wie heißen Sie übrigens?“

Mit der zittrigen Stimme eines etwas aus der Übung geratenen Charmeurs antwortete ich:

„Conrad Meister. Ich heiße Conrad Meister, Frau Kramer. Und? Fühlen Sie sich jetzt besser? Ist es warm genug im Wagen? Ich kann auch gerne die Heizung etwas weiter hochstellen, wenn Sie mögen!“

„Sie möchten wohl, dass ich mich schon wieder ausziehe, wie? Sind Sie verheiratet? Haben Sie Kinder? Erzählen sie ein bisschen von sich, ja?“

Und ich erzählte. Ich erzählte, dass ich nicht verheiratet sei und keine Kinder habe. Weshalb, weiß ich nicht –, aber ich erzählte ihr

14

soviel von mir, dass ich völlig vergaß, in dem Ort zu halten, in dem ich sie absetzen sollte. Jeanette sagte auch nichts. Stattdessen hörte sie mir lächelnd zu, bis sie mehr von mir wusste, als manche Leute, die ich seit Jahrzehnten kenne. Als ich aufhörte zu reden, sagte Jeanette plötzlich zu mir:

„Dreh um, Conni! Fahr zurück zu meinem Motorrad. Ich möchte dir was zeigen, wenn du noch etwas Zeit hast. Einverstanden?"

Und wenn ich auch unter wahnsinnigem Zeitdruck gestanden hätte, ich konnte unmöglich wiedersprechen. In zwei Monaten würde ich 50 Jahre alt sein. Bis zum heutigen Tag bestand mein Leben aus der konsequenten Ausklammerung aller Gefahren und Risiken. Es wurde einfach Zeit, etwas Spaß zu haben, bevor ich vollends zum Biedermann mutiert war.

„Einverstanden. Was möchtest du mir zeigen?"

Wie selbstverständlich waren Jeanette und ich zum „Du" übergegangen.

„Warte nur ab, Conni. Es wird dir bestimmt gefallen!"

Eine halbe Stunde später stoppte ich den Wagen an der Stelle, an der ich Jeanette getroffen hatte. Erst jetzt sah ich auch am Straßenrand das schwarze Motorrad liegen, das ähnlich anziehend auf mich wirkte wie Jeanette selbst.

„Ich zieh mich nur schnell um, Conni. Diesmal brauchst du nicht wegsehen, wenn du nicht willst! Vielleicht gefällt dir ja, was du siehst?"

Ich sah nicht weg. Es gefiel mir, was ich sah. Tatsächlich hatte ich schon fast vergessen, welche enormen Reize ein weiblicher Körper ausüben konnte. War ich wirklich schon so weltfremd geworden? Was war nur der Grund dafür, dass ich die letzten fünf Jahre meines Lebens nur mit Arbeit, statt mit Spaß und Sex verbracht hatte? Zum ersten Mal seit einer Ewigkeit regte sich wieder etwas in meiner Hose.

„So, Conni! Lass uns aussteigen, ja? Komm schon – und vergiss einfach für eine Weile dein altes Leben! Ich zeige dir nun ein anderes Leben!"

Jeanette stellte das Motorrad auf. Seltsam. Das schwarze Ding ließ sich ohne Probleme von ihr starten. Was für ein Bild, als ich nun Jeanette beobachtete, die sich geschmeidig auf das Motorrad schwang. Ich konnte nicht erkennen, was für ein Motorrad es war. Yamaha? BMW? Honda? Keine Ahnung! Ich verstand einfach zu wenig von diesen kraftstrotzenden Zweirädern. Es war auch kein Typenschild zu sehen. Auf jeden Fall sah dieses glänzend schwarze Geschoss bullig und hocherotisch aus. Jeanette und ihr Motorrad schienen zu einer lebendigen Einheit zu werden. Die langen Schenkel Jeanettes pressten sich eng an das Metall ihrer Maschine.

„Steig auf, Conni! Na los! Diese Chance bekommst du nie wieder!"

„Muss man keinen Helm tragen? Ich bin doch gar nicht richtig für so was angezogen, Jeanette! Wo willst du denn mit mir hinfahren? Soll ich nicht lieber hinter dir herfahren?"

„Quatsch nicht! Steig auf! Es ist nicht weit!"

Ich stieg auf. Ich spürte die Wärme von Jeanettes Körper, der mich die kühlen Temperaturen vergessen ließ. Automatisch umfasste ich den schlanken Körper der Frau, die ich erst vor etwa über einer Stunde kennen gelernt hatte.

„Fass weiter oben an, Dummchen! Ich will ja nicht, dass du vom Motorrad fällst!"

Weiter oben? Weiter oben waren bereits Jeanettes Brüste.

„So ist's gut! Und nun geht's los, Conni! Und schön festhalten, ja?"

Wahnsinn! Warum – zum Teufel – habe ich auf dieses Erlebnis so lange verzichtet? Mich durchströmte ein seltsames Gefühl von Jugend und grenzenloser Freiheit. Alles, was ich im vergangenen halben Jahrhundert erlebt hatte, wurde auf dem Motorrad zu unbedeutenden Episoden eines verschwendeten Daseins. Plötzlich fühlte ich mich nicht mehr wie der 50-jährige Angestellte einer großen Speditionsgesellschaft. Ich fühlte mich vielmehr wie ein zwanzig Jahre alter Marlon Brando, der auf seinem Feuerstuhl durch die Turbulenzen des Lebens brauste. Etwa eine Stunde später hielt Jeanette an.

„Na? Geil, was? Komm! Ich kenne das Hotel. Hübsche Zimmer –

und weiche Betten, Conni! Du sollst jetzt die nächste Stufe deines Abenteuers erfahren."

Die Betten waren wirklich weich. Sie waren so weich wie Jeanettes Körper, der mich zu völlig ungeahnten Gefühlen trieb. Mit 50 Jahren erlebte ich Momente, an die ich zuletzt gedacht habe, als ich überrascht die ersten Bartstoppeln an meinem Kinn registrierte. Ekstase, Glück und unvorstellbare Lust! Eine Göttin im Bett, die ich zwar nicht verstand, aber anbetete!

Irgendwann am nächsten Morgen wachte ich auf. Jeanette war fort! Das Doppelbett, in dem ich meine Jugend wiedergefunden hatte, war nur auf meiner Seite zerwühlt. Nichts im Zimmer erinnerte an die Frau, mit der ich die schönsten Stunden meines Lebens erleben durfte. Mit noch immer wackligen Knien und trotzdem um Jahrzehnte verjüngt, zog ich mich an – und ging zur Hotelrezeption.

„Können Sie mir bitte sagen, ob die junge Frau, mit der ich gekommen bin, schon abgereist ist?"

„Welche junge Frau meinen Sie bitte? Soweit ich weiß, sind Sie alleine angereist!"

„Alleine? Unsinn! Ich meine die Frau in der Motorradkleidung. Lange schwarze Haare. Sie müssen sich doch erinnern!" Er erinnerte sich nicht. Er schwor bei seiner Seele, dass ich das Hotel alleine betreten hatte. Er wusste nichts von der Frau in schwarzer Lederkleidung. Stattdessen drückte er mir einen Zündschlüssel in die Hand, nachdem ich die Rechnung bezahlt hatte.

Born to be wild!!!!

„Sie baten mich, Ihnen den Schlüssel heute morgen wieder auszuhändigen. Ihr Motorrad steht auf unserem Hotelparklatz. Vielen Dank für Ihren Besuch – und beehren sie uns bald wieder!"

Ich weiß nicht, ob ich das alles nur geträumt habe – oder ob mir vielleicht doch eine Göttin aufgezeigt hat, was ich im Leben alles versäumt hatte. Ein Traum kann es allerdings nicht gewesen sein. Denn das schwarze Motorrad stand tatsächlich auf dem Parkplatz. In meiner Brieftasche fand ich sogar den Motorrad-Führerschein, der auf meinen Namen ausgestellt war. In dem Moment, in dem ich mich aufs Motorrad setzte, wusste ich genau, was zu tun war. Seltsam, nicht wahr? Ich habe diese Jeanette niemals wiedergesehen. Meinen Arbeitsplatz habe ich gekündigt. Meinen Wagen – der immer noch da stand, wo ich ihn abgestellt hatte – habe ich verkauft. In meinem Leben hat sich wahnsinnig viel verändert, seit ich Jeanette begegnet bin.

Oder bin ich ihr niemals begegnet?

Worauf man beim Motorrad-Sex achten sollte!

– Nie 69 bei 200 ...!

– Nie beim Oralverkehr den Helm aufbehalten!

– Aus Platzgründen keinen Gruppensex versuchen!

– Kawasaki bitte nicht mit Kamasutra verwechseln!

– BMW nicht mit „Bums Mich Wund" übersetzen!

– Wissen, dass „Ja, mach ihn hart!" einfach mit „Yamaha" abgekürzt wird!

– Ihr nie sagen, wie schön glatt ihre Haut ist, während sie noch im Motorrad-Anzug steckt!

– Es nie mit ihr auf dem Tank treiben, wenn sie gerade so richtig schön heiß ist!

– Nie dumme Sprüche wegen seiner Tätowierung „Hell's Angels" machen!

– Sie nie bitten, das Visier aufzuklappen, obwohl sie gar keinen Helm trägt!

- Auf Serpentinen Zungenküsse vermeiden!

- Das Blubbern einer Harley nie mit seinem Orgasmusstöhnen verwechseln!

- Es nie auf einem englischen Motorrad treiben, wenn er auf Französisch steht!

- Grundsätzlich das Kondom vor Fahrtantritt überstreifen!

- Auf unebenem Gelände auf Oralverkehr verzichten!

- Nicht versuchen, die Stoßgeschwindigkeit der Taktgeschwindigkeit anzupassen!

- Verkehrskontrollen nicht zu wörtlich nehmen!

- Im Sommer nie den Hintern in Fahrtrichtung entblößen!

- Darauf achten, „Unfälle" zu verhüten!

Der Dreier

„Das ist ja wohl das Allerletzte, Jürgen! Gedacht hab ich's mir ja schon lange – aber dass du so tief sinken würdest, überrascht mich jetzt doch! Mit einer Japanerin! In deinem Alter! Die Kleine ist bestimmt viel jünger als ich, oder? Nun gib es doch zu, du Schuft!"

„Das ist doch alles völlig harmlos, Gundula! Na gut – sie ist Japanerin. Und ja – sie ist erheblich jünger als du. Na und? Könnten wir nicht zu dritt …?"

„Bist du verrückt? Zu dritt? Das sieht dir ähnlich, du alternder Casanova! Mich als Hausmütterchen behalten, bei der du dich ab und zu ausweinen kannst – und dieses junge Flittchen soll dir wohl die Nachtstunden versüßen, wie?"

„Von mir aus kann ich auch mit dir die Nächte verbringen, wenn ich stattdessen tagsüber mit Y…"

„SCHLUSS! Kein Wort mehr! Ich reiche sofort die Scheidung ein! Du kannst es von mir aus mit allen Japanerinnen, Chinesinnen und – weiß der Geier, was – treiben! Mit dir bin ich fertig! Ein für alle Mal, mein Lieber! Dir sieht's ähnlich, wenn dein Verhältnis knapp über achtzehn ist, wie? Sag schon! Jetzt kannst du ruhig die Wahrheit sagen!"

„Sie ist keine achtzehn, Schatz!"

„Sag nie wieder ‚Schatz‘ zu mir, hörst du? Noch nicht mal achtzehn? Bist du völlig wahnsinnig geworden? In deinem Alter? Schäm dich!"

„… sie ist sechzehn!"

„WAS?"

„Sie ist sechzehn Jahre alt. Nicht mehr ganz neu. Nur ein Vorbesitzer, Liebling. Aber sie ist toll in Schuss für ihr Alter!"

„Du pervers…"

„… und sie glänzt pechschwarz, wenn sie richtig heiß ist!"

„Auch das noch!"

„… und rassig schlank ist sie auch noch!"

„Mistkerl!"

„… und sie wird richtig laut, wenn sie abgeht!"

„Sauhund!"

„… und sie steht auf Leder, Liebling!"

„ICH HASSE DICH!"

„Wollen wir nicht doch mal zu dritt ...?"

„WAS? Das fehlt gerade noch!"

„Find ich auch. Geträumt habe ich jedenfalls schon lange von diesem flotten Dreier. Du, ich – und meine Yamaha 1200 GT. Wir rauschen über die Landstraßen. Deine Hände fest um meine Taille gepresst, genießt du die Kraft der starken Maschine zwischen deinen Schenkeln ..."

Die Aufnahmeprüfung

Geil! Seit gestern weiß ich, dass mich die „Danger Angels" in ihren Club aufnehmen wollen! Total irre! Endlich darf ich ganz offiziell meine Karre vorm Clubhaus abstellen. Endlich darf ich mir den „Danger-Angels-Adler" tätowieren lassen! Voll scharf, was? Seit über drei Jahren träume ich schon davon, zur heißesten Clique der Stadt gehören zu dürfen. Ich werde sogar die erste Braut sein, die richtig mit allem Drum und Dran aufgenommen wird! Bislang durften nämlich nur Jungs Mitglied der Clique werden! Absoluter Wahnsinn! Ich bin ja so total aufgeregt!

Rainer, der erste Vorsitzende des Clubs, hat mir versprochen, dass ich sofort aufgenommen werde, wenn ich die Aufnahmeprüfung bestanden habe. Mann, bin ich jetzt nervös! Nur noch die Aufnahmeprüfung – und ich bin eine von den „Danger Angels"! Ich hab zwar keine Ahnung, um was für eine Prüfung es sich handelt, aber was es auch immer sein wird – ich werde es schon schaffen! *No problem!* Ich habe jetzt so lange darauf gewartet, dass ich garantiert nichts versauen werde. Wenn ich bloß dran denke, wie geil das in Zukunft alles sein wird. Zwanzig coole Jungs. Eine ganze Menge scharfer Bräute, die bestimmt alle wahnsinnig neidisch auf mich sein werden, weil ich die erste Tussi bin, die Mitglied werden darf! Hey! Sollen die ruhig alle neidisch glotzen! Sobald ich die Prüfung bestanden habe, können die mich mal kreuzweise.

Tanja Möller – das erste und einzige Mädchen, das tatsächlich den Adler bekommt! Ich fasse es immer noch nicht! Total abgefahren. Und

Rainer hat mir sogar versprochen, dass er persönlich den ersten Teil der Prüfung abnehmen wird. Irre! Wenn Rainer mir hilft, kann ja nichts mehr schief gehen. Die Prüfung ist allerdings ganz schön umfangreich, sagt Rainer. Rainer meint, dass ich mich auf mindestens zwanzig Einzelprüfungen einstellen soll. Rainer meint auch, dass ich nur dann aufgenommen werde, wenn ich jede dieser Prüfungen bestanden habe.

„So sind eben die Clubregeln!", hat er gesagt, dass ich aber auf gar keinen Fall zwischendurch aufgeben darf. „Hey, Tanja ...", hat er gesagt, „...vielleicht wird's ja gar nicht so schlimm, wie du denkst! Du schaffst das schon. Wir werden dir auch echt alle helfen, Tanja!", hat er gesagt. Total geil. Die wollen mir alle helfen, die Jungs. Sind die nicht irre super, die zwanzig Jungs von den „Danger Angels"? So ein bisschen komisch fand ich nur, wie dämlich grinsend mich die Bräute von den Jungs angesehen haben! Aber was soll's! Ist wahrscheinlich nur der pure Neid.

Let's go, Honey!

Ich fahre total auf Jungs mit heißen Öfen ab! Es war schon immer so, dass ich erst in Fahrt komme, wenn ich meinen Lover vor seinem Feuerstuhl sehe. Wenn der Typ dann noch einen knackigen Hintern in seiner Lederhose hat, raste ich vollkommen aus. Nichts kann mich dann noch halten! In solchen Momenten ist es mir wirklich scheiß-egal, ob wir unbeobachtet sind. Das Gefühl, das mich spontan über-mannt, ist etwa so, als wenn ich zehn Jahre enthaltsam auf einer ein-samen Insel gelebt hätte – und plötzlich wird ein nackter, Coca-Cola trinkender Fensterputzer an Land gespült.

Diese Kombination aus Chrom glänzendem Stahl und glänzend aussehendem Mann verwandelt mich sofort in ein hemmungsloses Geschöpf, das an nichts anderes denken kann, als es sofort tun zu müssen! Meine Hormone beginnen innerhalb von Sekunden zu kochen. Die Schenkel vibrieren rhythmisch, während sich meine Lippen er-wartungsvoll öffnen. Man hat mir schon oft gesagt, dass die Flammen, die meine Augen in solchen Momenten versprühen, jeden Vulkan-ausbruch in den Schatten stellen. Nichts und niemand kann mich nun noch aufhalten! Ich will, ich muss – ich WERDE es nun mit diesem Kerl treiben müssen, der lässig an seiner Maschine lehnend keine Ahnung hat, was ihn erwartet. Ohne auch nur ein einziges überflüssi-ges Wort zu verlieren, reiße ich brutal am Verschluss seiner Leder-jacke. Ich knie mich vor ihm hin, um nun mit den Zähnen den Reiß-verschluss seiner Lederhose zu öffnen. Wie ein ausgehungertes wildes Tier beiße ich in das Leder seines Nierenschutzes, während die vor Erregung zitternden Hände das Objekt meiner Begierde freilegen. Mit fest geschlossenen Augen und halb geöffnetem Mund wandere ich langsam höher. Die Zunge sucht verzweifelt den haarigen Brustkorb meines männlichen Opfers. Ich nehme die Hände zu Hilfe, um die Muskulatur meines Adonis besser ertasten zu können.

Plötzlich durchfährt mich ein grausamer, furchtbarer und ernüchternder Schreck! Im gleichen Moment, als ich die Augen öffne, um mir Gewissheit zu verschaffen, erblicke ich die etwa apfelsinengroßen Brüste! Mein Blick hebt sich noch ein Stück weiter. Ich sehe nun das lange schwarze Haar unter dem Helm hervorquellen. Ich sehe auch das von Geilheit verzerrte Gesicht einer Frau, die es offenbar genießt, von mir verwöhnt zu werden. Von Panik erfüllt erinnere ich mich an den erwachsenen Freudenspender, der sich kraftvoll streckend, von meinen Händen berühren ließ. Tatsache! Ich sehe nach unten – und sehe ihn noch immer! Ich sehe nach oben – und sehe sie noch immer! Ich sehe zur Seite – und sehe dort noch immer die kraftstrotzende Maschine stehen. Und nun? Was jetzt? Sei's drum! Heiße Öfen machen mich nun mal scharf! Und wenn ich mich auf die unteren Regionen der vor mir versteiften Lust konzentriere, wird's schon irgendwie gehen! Wichtig ist nämlich nur, dass er/sie mich anschließend eine Runde drehen lässt. Let's go, honey!

Niemals!

Er hatte es tatsächlich geschafft! Weiß der Geier, wie er das angestellt hatte. Aber offenbar war es ihm gelungen, den alten Machinski umzustimmen. Noch vor einer Woche hatte Machinski ihm gesagt, dass er sich niemals von seiner großen Liebe trennen würde. Ich war selbst dabei, als Machinski jeden gebotenen Preis ablehnte, den Christian ihm bot.

Und nun? Nun sah ich Christian Braun neben dieser unglaublich schönen alten 250er DKW stehen. Christian hat sogar Machinskis Lederkappe abgestaubt! Ich fasse es nicht! Wie hat er das bloß hinbekommen? Machinski hatte ihm vor einer Woche gesagt, dass er für kein Geld der Welt sein „Herzchen", wie er das Motorrad liebevoll nannte, einem anderen überlassen würde. Selbst dann, als Christian ihm 10000 Euro auf den Tisch blätterte, blieb Machinski kühl wie ein Gefrierschrank.

„Lass mal, Jungchen! Mit meinen Herzchen hab ich schon so viel erlebt, dass man das mit Geld nicht aufwiegen kann! Und selbst wenn du mir hier 100000 Piepen bietest, bleibt das Schmuckstück brav und artig bei seinem Herrchen! Du musst das verstehen, Jungchen. Meine DKW und ich – wir zwei Hübschen sind zusammen alt geworden. Da trennt man sich nicht einfach so für Euros oder DM. Ich hab das Herzchen noch für Reichsmark gekauft. Deshalb bleiben wir zusammen, bis dass der Tod uns scheide!"

Genauso war's. Machinski hat rigoros jedes Angebot abgelehnt. In meinem ganzen Leben hätte ich nicht geglaubt, dass Christian den Alten doch noch rumkriegt. Außerdem wusste ich ganz genau, dass Christian bereits mit den 10000 Euro an die Grenze des Machbaren

gegangen war. Was also hatte Christian angestellt, dass Machinski sich noch umstimmen ließ? Oder hatte Christian das Motorrad gestohlen? Konnte das möglich sein? Nein! Ich kannte Christian gut genug, um zu wissen, dass er zwar ein etwas schräger Vogel war – aber dass er niemals den guten Machinski beklauen würde! Vielleicht hat sich Christian die DKW nur mal ausgeliehen? Unsinn! Machinski hat immer gesagt, dass sein „Herzchen" nur Machinskis gewohnten Hintern duldet.

„Meine Kleine ist überaus sensibel! Sobald ein fremder Arsch auf ihr wackelt, stellt sie sich tot! Die gibt keinen Laut mehr von sich, wenn es nicht mein Hintern ist, der ihren Sattel anwärmt!"

Also? Wenn Christian die Karre nicht geklaut oder ausgeliehen hatte, musste er sie gekauft haben. Eine andere Lösung gab es nicht. Machinski wollte aber nicht verkaufen. Geld schien ihn nicht zu interessieren. Trotzdem sah ich Christian mit dem Motorrad. Ich sah, wie er das pechschwarze „Herzchen" anhimmelte und dabei liebevoll ihren Sattel streichelte. Was Machinski wohl mit der Maschine alles erlebt hatte? Er ist bestimmt mit ihr über staubige Feldwege gerattert, während feindliche Kugeln an ihm vorbeisausten. Vielleicht hat ihm die DKW sogar das Leben gerettet? Vielleicht hatte er es dem Motorrad zu verdanken, dass er niemals in Kriegsgefangenschaft geraten war? Auf jeden Fall sind die beiden sechzig Jahre lang wie Pech und Schwefel zusammen geblieben und durch dick und dünn gefahren! Eine echt lange Zeit. Eine verdammt lange Zeit. Eine so lange Zeit, dass ich irgendwie ein ungutes Gefühl habe, wenn ich nun Christian mit der alten Liebe Machinskis sehe! Es gibt nur einen einzigen Weg, um Antworten zu bekommen. Soll Christian mir doch selbst erklären, wie er das Wunder vollbracht hat, Machinski das Motorrad abzuluchsen.

„Hallo, Christian! Na? Wie viel hast du hingeblättert? Scheint ja wohl so zu sein, dass du Machinski doch noch überreden konntest, oder?"

Was sollte das denn? Als Christian mich sah, bekam er urplötzlich einen so roten Kopf, dass er problemlos jeder Tomate Konkurrenz machen konnte. Wirklich sehr, sehr seltsam! Sollte ich mit meiner schlimmsten Befürchtung Recht haben? Ist hier doch etwas gelaufen, das nicht ganz astrein war? Hoffentlich täuschte ich mich. Obwohl ich selbst scharf auf Machinskis Maschine war, würde ich dafür niemals einen alten Mann beklauen. Es gab gewisse Grenzen, die man einfach nicht überschreiten durfte. Ganz egal, wie scharf man auf etwas war, das einem Anderen gehörte. Ich war jetzt echt gespannt, welchen Bären mir Christian aufbinden würde.

„Hallo, Sabine! Äh … ja … stimmt! Die Maschine gehört jetzt fast mir. Fast jedenfalls. Eigentlich gehört sie sogar … dir! Ein bisschen. Ich wollte dich nämlich … morgen damit … überraschen, Sabine! Du weißt ja, wie ich zu dir … äh … stehe, oder?"

Was? Mich überraschen? Christian wollte mich überraschen? Er wollte mir – mal eben so – einen Oldtimer auf zwei Rädern schenken? War der Typ jetzt völlig durchgeknallt? Klar wusste ich, dass Christian hinter mir her war. Ich wusste aber auch, dass ich ihm nie einen Grund geliefert hatte, mehr als nur Freundschaft zu erwarten. Christian ist zwar ein ganz gut aussehender Bursche –, aber er weiß ganz genau, dass ich mit Jungs nicht allzu viel anfangen kann. Er kennt mich lange genug, um zu wissen, dass mich Frauen viel mehr interessieren. Ich bin lesbisch! Selbst eine geschenkte 250er DKW ändert daran nichts!

„Du spinnst doch, Christian! Bist ja 'n netter Kerl – aber ich steh nun mal nicht auf nette Kerle. Das weißt du doch! Also red keinen Scheiß! Erzähl mir lieber, wie du es angestellt hast, dass Machinski es sich anders überlegt hat. Na? Raus mit der Sprache!"

Was Christian mir nun erzählte, haute mich wirklich um. Wenn Christian die Wahrheit sagte, hatte ich mich gewaltig in dem alten Machinski getäuscht. Auch Christian war in diesem Fall nicht der Christian, für den ich ihn hielt. Ich konnte ja wirklich gut nachvollziehen, dass man über manche Schatten sprang, wenn man große Ziele hatte. Ich könnte sogar verstehen, wenn einige Typen sich zum Affen machen, weil sie scharf auf irgendetwas waren. Alles kein Problem. Jeder soll nach seiner Fasson selig werden. Amen! Aber das, was Christian sagte, hatte – weiß Gott – nichts mehr mit derartigen Zugeständnissen zu tun. Wie konnte Christian bloß glauben, dass ich bei diesem beschissenen Spiel mitspielte?

„Verstehe ich dich richtig? Er überlässt dir das Motorrad, wenn ich dafür ..."

„Stimmt. Aber er hat versprochen, dass er es nur einmal die Woche will! Verstehst du, Sabine? Du müsstest nur einmal die Woche mit ihm ..."

„Du bist ein Schwein, Christian! Von mir aus kannst du mit der Karre glücklich werden! Mit dir will ich jedenfalls nichts mehr zu tun haben! Wage es ja nicht, mir noch mal über den Weg zu laufen. Ist das klar? Ich hasse dich!"

„Aber Sabine! Nur einmal in der Woche! So abstoßend ist Machinski doch wirklich nicht. Klar – er ist nicht mehr der Jüngste. Na und? Mach doch einfach solange die Augen zu und denk an was Schönes. Einmal die Woche eine halbe Stunde. Überleg doch nur, was du dafür bekommst! Sieh dir nur mal die Maschine an! Ist sie nicht ein Traum? Sie könnte dir gehören, Sabine. Dir und mir. Uns beiden! Nun sag schon ja, Bienchen! Bitte! Ich hab Machinski schon gesagt, dass du einverstanden bist!"

„Verpiss dich! Sag Machinski ruhig, dass ich keinen Bock habe. Das gilt für eine Woche, einen Monat, ein Jahr und ein ganzes Leben! Klar? Ich bin nicht käuflich! Sag ihm das! Und was dich angeht, Christian, möchte ich dir noch sagen, dass du ein ekelhaftes Miststück bist. Ich dachte, wir wären gute Freunde. Und jetzt so etwas …!"

Ich habe Christian nie wieder gesehen. Ist auch besser so. Keine Ahnung, ob er einen anderen Weg gefunden hat, an Machinskis DKW zu kommen. Im Nachhinein habe ich oft darüber nachgedacht, wie Christian bloß auf so eine kranke Idee kommen konnte. Was war nur geschehen, dass er etwas so Unanständiges von mir erwarten konnte? Lag ihm soviel an der Maschine, dass er sogar seine beste Freundin dafür verkaufen wollte? Machinski und ich? Jedes Mal, wenn ich darüber nachdachte, stellten sich meine Nackenhaare auf. Gänsehaut! Natürlich war ich auch total enttäuscht. Logisch. Immerhin war ich ein achtzehnjähriges Mädchen. Machinski war mit Sicherheit über siebzig Jahre alt. Unglaublich! Unfassbar! Und selbst, wenn Machinskis DKW aus purem Gold gewesen wäre – ich würde niemals … niemals … niemals …

… einmal die Woche Putzen gehen! Es gibt eben Grenzen, die ich nicht überschreite. Basta!

Org garant

Es gehört zu meinen Gewohnheiten, regelmäßig in verschiedenen Motorrad-Zeitschriften zu blättern. Ich tue das eigentlich weniger, weil ich mich für ein neues Motorrad interessiere. Es macht mir einfach Spaß, wenn ich lese, was alles in der Szene passiert. Ich liebe es, mir die Bilder neuer Maschinen anzusehen. Ich liebe es auch, die unzähligen Privatanzeigen zu durchstöbern, in denen ab und an richtige Schmuckstücke zu Superkonditionen angeboten werden. Unter „Privatanzeigen" findet man echt die verrücktesten Sachen. Der Eine bietet beispielsweise seine nagelneue Moto Guzzi California an, weil er die Raten dafür nicht mehr bezahlen kann. Ein Anderer versucht, die kümmerlichen Reste seiner Triumph T-Bird zu verscherbeln, die nach einem Unfall noch einigermaßen in Schuss sind. Hinter jeder dieser Kleinanzeigen steckt eine Geschichte. Manchmal sind's todtraurige Geschichten, und manchmal sind es Geschichten, bei denen man den wahren Hintergrund nur zwischen den Zeilen erkennen kann! Ich erinnere mich zum Beispiel sehr gut an eine private Kleinanzeige, die auf den ersten Blick völlig harmlos schien. Aus diesem Grund hatte ich sie auch fast schon überflogen, als mich ein paar Passagen der Anzeige doch noch neugierig machten:

Biker, m, 28, ungeb, 191 / 22 x 5 / BMW R100,
sucht sportlich flotte Bikerin. Gr Ti erw.
für gel Tr o fin Int. Wenn sie ebenfalls BMW R 100,
dann Org garant. Tel ...

Ich fuhr eine BMW R 100. Weiblich traf bei mir auch zu. Sportlich

flott? Ich denke schon. „Gr Ti?" Wenn der 28-jährige Typ meinte, was ich dachte, dass er meinte, erfüllte ich auch dieses Kriterium. Meine Oberweite hatte jedenfalls noch nie Anlass zur Klage gegeben.

„Gel Tr o fin Int?" Da suchte also ein Bürschchen die passende Tussi, die Bock auf unkompliziertes Bumsen hatte. Ich war felsenfest überzeugt, dass er mit seinem „ungeb." gelogen hatte! Typen wie der hier suchen doch nur ein Dummchen, das sich ein- oder zweimal abschleppen lässt. In Wahrheit hat der Kerl hundertprozentig zwei Kinder und eine brave Ehefrau, die artig das Essen kocht, während er sich mit Tussis vergnügt! Aber was sollte der letzte Teil seiner Anzeige bedeuten? „Org garant."? Organisation garantiert? Heißt das, dass er sich um ein ungestörtes Hotelzimmer bemüht? „Org garant."? Kann das vielleicht bedeuten, dass der Knabe jeder Frau, die ihm antwortet, einen Orgasmus garantiert? Ist ja irre, wenn das so sein sollte.

Logisch, dass mir diese Passage der Anzeige am besten gefiel, denn immerhin lag mein letzter Orgasmus mindestens zwei Jahre zurück! In den vergangenen zwei Jahren hatte ich eben immer was mit Kerlen, die entweder wollten – und nicht konnten, oder die sollten – aber nicht wollten! Auf jeden Fall war es immer so, dass die Typen stets ihren Spaß hatten. Orgasmus garantiert! Was aber meinen Spaß anging, erwiesen sie sich allesamt als Nieten. Nicht einer war dabei, der mich so gut befriedigen konnte, dass ich meine Lust hemmungslos in die Welt schreien konnte. Ich will zwar nicht behaupten, dass mir der Sex mit meinen Verflossenen keinen Spaß gemacht hätte – aber eigentlich erwarte ich von einem Orgasmus etwas mehr, als nur ein Gefühl netter Zufriedenheit.

„Org garant."?

Abgesehen davon, dass ich in letzter Zeit eh etwas zu kurz gekommen war, reizte mich die Idee, auf die Anzeige zu antworten. Sollte sie sich als totaler Flop erweisen, hatte ich zumindest die Gelegenheit, meiner BMW wieder etwas Gesellschaft zukommen zu lassen. Wie ich's auch drehte und wendete, blieb die Versuchung, es auszuprobieren. Wer weiß? Vielleicht traf ich ja den Mann fürs Leben? Vielleicht war der Typ genau der Richtige, um die Muskulatur meines Unterleibs in Wallung zu bringen? „Org garant"? Kommt auf einen Versuch an, mein unbekannter Trommler! Hoffentlich entpuppst du dich nicht als Oberflasche mit großer Klappe! Hoffentlich bist du nicht in Wahrheit eines dieser verklemmten Männchen, die im Keller noch eine 50er Zündapp stehen haben und meinen, dass sie damit auf die Kacke hauen können! Beim Treffen erzählen sie dann irgendeine abenteuerliche Geschichte, um zu erklären, weshalb ausgerechnet an diesem Tag die BMW in die Werkstatt musste. Kann auch gut sein, dass er statt 28 – 82 Jahre alt ist! Wer weiß? Je oller, desto doller. Sagt man doch, oder? Vielleicht handelte es sich um einen perversen Tattergreis, der sich daran aufgeilte, junge Mädchen anzubaggern? Aber wenn das wirklich so war – weshalb schrieb er dann ...

„Org garant"?

Ein Mann, der einer Frau einen Orgasmus garantiert, bringt sich damit ganz schön in Zugzwang. In einer spontanen Quicky-Situation wird wohl kaum eine Frau den Orgasmus vortäuschen wollen. Und überhaupt: Wie dachte der Kerl sich das eigentlich? Stellte er sich erst einen gemütlichen Motorrad-Ausflug vor, bevor es zur Sache ging? Wollte er gleich zur Sache kommen, um anschließend den garantierten

Orgasmus der Frau mit einer kleinen Spritztour zu krönen? Was hatte er noch geschrieben?

Wenn sie ebenfalls BMW R 100,
dann Org garant. Tel ...

Wenn ebenfalls BMW R 100, dann „Org garant."? Das hieß also, dass er den Orgasmus nur garantierte, wenn die Frau eine BMW R 100 besaß? Und was hatte das eine mit dem anderen zu tun? Wieso diese seltsame Kopplung aus Orgasmus und Motorrad?

Sehr seltsam, lieber Anzeigenaufgeber! Wirklich sehr, sehr seltsam! Zumindest so seltsam, dass ich unbedingt herausbekommen wollte, was dahinter steckte! Mit der BMW konnte ich dienen. Mal sehen, ob er im Gegenzug auch mit einem Orgasmus dienen konnte! Noch etwas war nicht ganz unerheblich wichtig. Wie sah der Kerl überhaupt aus? Ein Meter einundneunzig? Nicht schlecht. Ich stand auf große Typen. 22 x 5? Zweiundzwanzig mal fünf? Echt? Überaus unwahrscheinlich, dass er mit diesem Maß seine Halslänge und Halsumfang beschreiben wollte. Ebenso unwahrscheinlich, dass es sich um eine Multiplikationsaufgabe handelte, deren Resultat seinen Intelligenzquotienten ausdrückte. Da es sich also nicht um Hals und Intelligenz handeln konnte, musste es wohl das sein, von dem ich hoffte, dass es genau das war! Ordentlich! Zumindest lag das Kerlchen damit deutlich über dem bundesdeutschen Durchschnitt bundesdeutscher Durchschnittsmänner. Meine Neugier wuchs fast ins Unermessliche. Obwohl ich theoretisch nicht die Frau war, die sich spontan auf unkalkulierbare Abenteuer einließ, reizte mich der Gedanke, es praktisch darauf ankommen zu lassen.

Ich, Katrin S., 22 Jahre jung, mit „Gr Ti" und Bock auf „Org garant.", rief also jene Telefonnummer an, hinter der sich der Verfasser der Anzeige und Garant eines Mega-Orgasmus, verbarg.

„Ja?"

Falls er selbst am Telefon war, hörte sich die Stimme gar nicht unerotisch an. Sie klang sanft und doch überaus selbstbewusst. In dem Moment, in dem ich dieses „Ja" hörte, produzierte mein Unterbewusstsein bereits ein Bild von ihm, das ich durchaus sexy fand.

„Hier ist Katrin. Hallo! Ich habe eben deine Anzeige gelesen. Du bist doch der, der die Anzeige aufgegeben hat, oder? Du weißt doch noch? Biker sucht ...?"

„Oh ja! Das war ich. Hallo, Katrin. Lieb, dass du anrufst. Du hast auch gelesen, dass es sich nur um gelegentlich Treffs ohne finanzielle Interessen handelt? Ist das in Ordnung? Du hast kein Problem damit?"

„Nicht das geringste, wenn du auch kein Problem damit hast, Org zu garant."

„Hä? Was meinst du?"

„Deine Annonce! Da steht doch, dass „Org garant." ist, wenn ich auch eine BMW R 100 fahre. Ich fahre eine BMW R 100."

„Ach so! Jetzt weiß ich wieder, was ich geschrieben habe. Tut mir

Leid, dass ich noch nicht ganz munter bin. Ich bin eben erst aus dem Bett geklettert ...!"

„Ist schon o.k., wenn du dich im Bett wohl fühlst. Mir geht's da ganz ähnlich. Und? Wann und wo treffen wir uns? Das Angebot steht doch noch, oder?"

„Klar! Steif und fest! Kennst du das kleine Waldstück hinter Burghausen? Da gibt's einen Parkplatz, wo wir uns treffen könnten. Sagen wir ... Montag, nächste Woche? 19.00 Uhr?"

„Hört sich gut an. Ich werde da sein. Sag mal, wie heißt du eigentlich? ‚Ja' ist doch bestimmt nicht der richtige Vorname, stimmt 's?"

„Stimmt. Ich heiße Oliver. Oliver Stein. Ich freue mich auf dich, Katrin. Also dann. Mach's gut!"

„Mach's auch gut ...!"

Wenn er es so gut machte, wie er sich anhörte, war die Welt wieder in Ordnung für mich. Zumindest war ich nun richtig aufgeregt, diesen geheimnisvollen Oliver kennen zu lernen. Heute war Donnerstag. Also noch Freitag, Samstag und Sonntag. Dann endlich würde sich das große Geheimnis lüften! Dann endlich sollte sich herausstellen, ob es doch noch den Mann gab, der ein anspruchsvolles Biker-Mäuschen wie mich zum Kochen bringen konnte! In Anbetracht der letzten 24 Monate orgasmischer Enthaltsamkeit sollte es nun auf diese paar lächerlichen Tage auch nicht mehr ankommen.

„Org garant".

Gnade dir Gott, mein lieber Oliver, wenn du mich nach Burghausen lockst und dann dein Versprechen nicht einlöst! Ich brauche endlich meinen Orgasmus! Ich will ihn! Ich will ihn nicht mehr handgestrickt – sondern ich will ihn inklusive deiner „22 x 5"-Option! Solltest du die Wahrheit geschrieben haben, hätte ich nichts gegen regelmäßige Treffs einzuwenden. Finanzielle Interessen habe ich auch nicht. So weit kommt's noch! Du jagst mich in den siebten Himmel der Lüste – und ich will dafür noch abkassieren? Keine Angst, mein Lieber! Abgesehen vom Ergebnis interessiert mich bestenfalls noch deine BMW. Ist mir lieber, wenn dieser Oliver und ich zumindest in Sachen Motorrädern den gleichen Geschmack haben.

Das Finale

Das könnte er sein. Die Körpergröße kommt in etwa hin. Leider erkenne ich ansonsten nicht allzu viel von ihm, da er eine unglaublich scharf aussehende Kombi anhat! Der steht wohl auf Blau, was? Muss ihn ein Schweinegeld gekostet haben, seine BMW so ungewöhnlich lackieren zu lassen. Aber alle Achtung! Sieht geil aus, Oliver! Und du? Siehst du auch geil aus? Nimmst du den azurblauen Helm erst ab, wenn ich dich anquatsche? Gibt's da was zu verbergen? Nun nimm schon den Helm ab, Süßer! Bis dahin bleibe ich schön hinter diesem Baum versteckt. Schließlich will ich ja zumindest ein klitzekleines bisschen wissen, mit wem ich mich einlasse!

Jetzt!

Donnerwetter! Nicht übel! Normalerweise stehe ich zwar nicht so auf Schnauzer-Typen – aber im Falle von diesem Oliver könnte ich mich durchaus mit der Ausnahme anfreunden! Das mit seinem Alter kommt auch hin. Offensichtlich hat er – bis jetzt – nicht gelogen. Dunkelbraune halblange Haare. Dreitage-Bart. Ein eher hageres als volles Gesicht. Ein markantes Näschen trägst du da mit dir rum, Oliver! Heißt es nicht, dass man an der Nase des Mannes seinen Johannes erkennt? In Sprichwörtern scheint echt immer ein wenig Wahrheit zu stecken. Stecken? Johannes? Logisch! Jetzt wird's aber Zeit, mich selbst zu präsentieren. Meine Vorfreude ist einfach zu groß, um jetzt noch viel Zeit zu verplempern. Hier bin ich, Oliver! „Gro Ti" für „Org garant".

„Oliver? Hallo! Ich bin Katrin! Du bist doch Oliver, oder?"

„Bin ich. Hey – du siehst ja toll aus! Klasse, dass du wirklich gekommen bist. Deine Maschine sieht auch toll aus. Fährst du schon lange, Katrin?"

„Jaja ... Ein paar Jahre sind's schon. Na? Was sagst du zu meinen ‚gr Ti'? Groß genug? Bist du zufrieden damit?"

„gr Ti? Was meinst du denn, Katrin? Ich verstehe nicht ..."

„Komm schon, Oliver! Stell dich nicht so blöd an! Meine Brüste! Gefallen sie dir? Du stehst doch auf große Titten, oder?"

„Ich? Wie kommst du denn auf diese Idee, hm?"

„Na, deine Anzeige, Oliver! Du hast doch geschrieben, dass ‚große Titten erwünscht' sind. Gr Ti erw. Genau das waren deine Zeilen! Also was soll jetzt das Zögern? Du bist doch Oliver Stein?"

„Ich bin Oliver Stein. Aber was meinen Text angeht, hast du vielleicht doch etwas falsch verstanden, Katrin! Gr Ti erw. heißt nicht ganz das, was du da rein interpretiert hast! Tut mir echt Leid – aber es hat eine völlig andere Bedeutung!"

„Was? Du meinst nicht die …? Soll vielleicht ‚gel Tr o fin Int' auch was anderes heißen, als ‚gelegentliche Treffs ohne finanzielle Interessen'?"

„Natürlich nicht. In diesem Fall hast du schon ganz richtig übersetzt! Ich treffe mich sehr oft mit Bikern, die Ersatzteile und Zubehör tauschen wollen. Es geht wirklich nur ums Tauschen! Hat nie was mit Geld zu tun! Deswegen ‚ohne finanzielle Interessen'!"
„Zubehör? Ersatzteile? Tauschen? Und was ist mit ‚22x5'? Es kann sich doch nur um deinen …"

Ich erinnere mich nur sehr ungern an das Lachen, das auf meine Frage folgte. Ebenso ungern erinnere ich mich daran, wie knallrot mein Gesicht mit einem Mal wurde. Schade, dass ich mich nicht in zwei unterschiedliche Gestalten verwandeln konnte. Eine dieser Gestalten hätte sich sonst in einen hässlichen kleinen Käfer verwandelt, während die andere das Aussehen eines riesigen Fußes angenommen hätte. Der riesige Fuß würde dann immer wieder auf dem hässlichen Käfer herumtrampeln ...!

„Zweiundzwanzig mal fünf ist die Größe meiner Annonce in Millimetern. Da sind auch ein paar Annoncen von anderen zu finden, bei denen du fünfzig mal fünfzehn lesen kannst. Wäre vielleicht ein bisschen arg groß, oder?"

Verdammt! Ich war ja eine totale Idiotin! Wie konnte ich nur so himmelschreiend blöd sein! Adieu, du schöner ersehnter Orgasmus! Statt Lust pur blieb mir nur der Wunsch, ganz tief im Erdboden versinken zu können. Trotzdem wollte ich noch von Oliver wissen, was es mit diesem dubiosen „Org garant", auf sich hatte. Wenn ich mich schon bis auf die Knochen blamierte, kam es darauf auch nicht mehr an. Also nahm ich das mickrige Restchen meines Mutes zusammen – und fragte Oliver nach der korrekten Deutung.

„Tut mir wirklich Leid, dass du meinen Text so missverstanden hast, Katrin! ,Org' steht für ,Originalersatzteile' und ,garant.' steht einfach nur für ,garantiert'. Zumindest mit dem letzten Kürzel liegst du also ganz richtig. Sag mal, Katrin, du bist echt nur hierher gekommen, weil du endlich einen Orgasmus erleben wolltest? Hast du solche schlimmen Entzugserscheinungen?"

„Schlimmer, Oliver. Viel, viel schlimmer ...!"

Oliver lud mich zu einem Kaffee im Hotel ein. Wir beide haben uns richtig gut unterhalten. Wir haben uns sogar so gut unterhalten, dass

wir zwei Stunden später in einem der Hotelbetten landeten. Dann haben wir uns kaum noch unterhalten. Oh Mann! Ob es ein Zufall war, dass die Größe seiner Annonce in Millimetern etwas viel Besserem in Zentimetern entsprach? Ist ja auch vollkommen egal! Kismet, Schicksal oder Zufall. Was soll's? Wie ich immer sage, ist es nur das Ergebnis, das zählt! Und glauben Sie mir bitte, dass ich mit dem Ergebnis überaus zufrieden war! Der Bann war gebrochen! Zwei endlos lange Jahre verzweifelter Orgasmussuche hatten an diesem Abend ihr Ende gefunden. Heißa! Jubel! Wahnsinn! Es war also doch noch möglich.

Ab und an treffen Oliver und ich uns, wenn einer von uns beiden Lust aufs Tauschen hatte. Manchmal treffen wir uns auch, wenn's nichts zu Tauschen gibt. Aber egal, aus welchem Grund wir uns auch immer treffen: Der „Org" ist stets „garant".

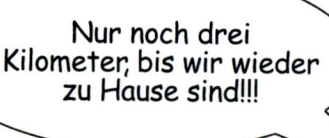

Streng geheim!

Mein Name ist Giorgio Carrucci. Wie Sie unschwer an meinem Namen erkennen werden, bin ich Italiener. In jeder Hinsicht! Sie verstehen? Natürlich verstehen Sie. Was sagen Sie? Sie möchten etwas über mein Aussehen erfahren? Können Sie sich das nicht denken, hä? Sagte ich nicht, dass ich Italiener bin? Trotzdem? Prego! Na gut. Wenn's denn sein muss.

Ich bin relativ klein. Knackiger Arsch und fettfreie Hüften. Dreitagebart. Feurige Augen. Brodelndes Blut, wenn's um Frauen geht. Kochendes Blut, wenn es um meine zweite große Leidenschaft geht. Aber dazu später mehr, wenn Sie noch ein bisschen Geduld haben.

Wo war ich stehen geblieben? Ach so. Ja. Kleine Hände. Kleine Füße. Behaarte Brust. Kräftige Oberschenkel. Muskulöse Oberarme. Reicht das? Nein? Was denn noch? Sie wollen doch nicht etwa ...? Sie wollen? Unbedingt? Gefallen tut mir das zwar nicht, aber weil Sie es sind, werde ich eine kleine Ausnahme machen! Also: Mittel. Eher etwas mehr klein als groß. Durchschnitt. Beinahe jedenfalls. Trotzdem bin ich ganz zufrieden damit. Reicht das nun? Soll ich vielleicht noch für Sie die Hosen runterlassen? Ich finde wirklich, dass Sie jetzt genug über mich wissen. Bitte? Was ich beruflich mache? Interessiert Sie das wirklich? Ehrlich? Nicht gelogen? Und Sie lachen mich auch nicht aus? Wir Italiener mögen es nämlich überhaupt nicht, wenn man uns auslacht! Sie wissen ja, dass bei uns Italienern mehr Temperament als Blut durch die Adern fließt, oder?

Ich weiß ja, dass man mir meinen Beruf nicht unbedingt auf den ersten Blick ansieht. Trotzdem ist mein Beruf eine Leidenschaft, die fast so intensiv wie meine Leidenschaft für schöne Frauen ist! Sie verstehen? Bitte? Das ist jetzt aber wirklich eine Frechheit! Sie können doch nicht ernsthaft glauben, dass ich damit mein Geld verdiene, oder? Sehe ich etwa wie ein Gigolo aus? Mein Name ist Carrucci – und nicht Casanova! Ich verdiene mein Geld mit ehrlicher harter Arbeit! Basta!

Wie? Na gut, ich bin Ihnen nicht mehr böse. Ja, ich verzeihe Ihnen! Schon gut! Sie wollen es immer noch wissen? Sie sind aber sehr neugierig, schöne Frau! Da man schöne Frauen nicht enttäuschen soll, werde ich Ihnen nun verraten, womit ich meinen Lebensunterhalt verdiene. Eigentlich soll ich ja mit niemandem darüber reden, aber ich glaube, dass ich bei Ihnen eine Ausnahme machen kann. Sie werden wohl kaum von der Konkurrenz geschickt worden sein, oder? Natürlich nicht! Eine so schöne Frau wie Sie kann unmöglich lügen! Ich sehe so etwas auf den ersten Blick.

Also: Ich bin Werksfahrer für ein bekanntes italienisches Unternehmen. Meine Aufgabe besteht darin, Neuigkeiten zu testen, bevor sie in Serie gehen! Sie verstehen, dass ich eine überaus verantwortungsvolle Position bekleide? Sie ahnen ja gar nicht, wie intensiv manche Konkurrenten versuchen, mir ein paar Entwicklungsgeheimnisse zu entlocken! Immerhin bin ich ja bestens über alle Innovationen informiert, die eventuell der Konkurrenz Probleme bereiten könnten! Bitte? Hatte ich das noch nicht erwähnt? Nein? Natürlich geht es nicht um Autos. Nein, ich teste auch keine Fahrräder, schöne Frau. Ferrari? Unsinn! Damit hab ich nichts am Hut! Ich überlasse es anderen, sich auf vier Reifen fortzubewegen.

Meine große Liebe gehört natürlich den Motorrädern! Ich teste Motorräder. Ich teste die besten, schönsten und italienischsten Motorräder, die es gibt! Ich halte nichts von deutschen, japanischen oder gar englischen Maschinen, denen jede Seele fehlt. Aber ich beginne, Sie zu langweilen. Ist es so? Möchten Sie, dass ich das Thema wechsele? Ich könnte Ihnen auch etwas über die fantastischen Kochkünste meiner Mama erzählen. Wie? Das muss nicht sein? Sie finden es spannend, was ich über Motorräder sage? Sie meinen, dass es sich sehr erotisch anhört, wie ich über Motorräder spreche? Vielen Dank! Das ist wirklich außerordentlich freundlich von Ihnen.

Interessiert es Sie vielleicht, etwas über die Maschine zu erfahren, die ich zur Zeit teste? Ja? Bestimmt? Es ist Ihnen nicht zu langweilig, mir zuzuhören? Dann darf ich Ihnen vielleicht sagen, dass Sie nicht nur wunderschön, sondern auch überaus verständnisvoll sind. Fahren Sie selbst auch Motorrad? Nein? Dann können Sie sich bestimmt nicht vorstellen, wie unglaublich erregend es ist, wenn man die 990 Kubik eines V4-Triebwerks mit satten 250 PS zwischen den Schenkeln spürt? Nein? Dann fällt es Ihnen auch schwer, meine Begeisterung für den desmodromischen Ventiltrieb nachzuvollziehen? Ja? Macht es Sie nicht heiß, wenn Sie an die starken Kolben der Zylinderpaare denken, die nebeneinander auf und ab zünden? Hören sie nicht auch diesen lustvollen Twin-Sound, der rhythmisch das Becken vibrieren lässt? Überdrehfestigkeit bis 18000 Touren! Die Schenkel pressen sich eng an den Gitterrahmen aus Stahl. Die Kraft der Maschine geht in meinen Körper über. Der L-Motor arbeitet zuverlässig wie ein Uhrwerk. Hören Sie's? Ja? Wie bitte? Was sagen Sie? Ich mache Sie geil, wenn ich so rede? Stimmt das? Sie möchten gerne mehr hören?

Meine süße Ducati-V4 gefällt Ihnen? Sie werden ganz feucht, wenn ich Ihnen etwas über die technischen Daten erzähle? Das ist aber alles noch sehr, sehr geheim, wenn Sie verstehen, was ich meine. Genau das macht sie so wild? Wo? In Ihrem Zimmer? Jetzt gleich? Sie glauben,

dass Sie alleine von meinen Erzählungen einen Orgasmus bekommen können? Und wenn ich nicht nur erzähle? Wenn ich Ihnen anschließend beweise, dass wir Italiener wahre Meister der Befriedigung sind? Als Vorspiel möchten Sie mir erst zuhören? Und dann werden Sie mich verwöhnen? Sie bringen mich noch um den Verstand! Kommen Sie schon! Lassen Sie uns keine mehr Zeit verlieren, schöne Frau! Sagen Sie mir nur noch, wie Sie heißen, ja? Ich möchte Ihnen im Bett Ihren Namen ins Ohr flüstern, wenn Sie den Höhepunkt unserer Leidenschaft genießen! Wie bitte? Wie heißen Sie? Benita Maria Wolkenstedt? Ein ungewöhnlicher Name. Ein deutscher Name? Auf jeden Fall ein sehr langer Name. Ich glaube, ich möchte Ihnen nur die Anfangsbuchstaben Ihres Namens ins Ohr flüstern. Was tun Sie denn da? Was macht Ihr Fuß zwischen meinen Beinen? Oh nein! Hör nicht auf! Mach weiter. Ja! Es ist wunderschön! Wahnsinn! Ich bin verrückt nach Dir,

BMW!

... also, Junge, das mit dem Viertaktprinzip verhält sich
... äh ... folgendermaßen ...

Ein bisschen verrückt ...

Obwohl sich das weiche Leder eng um ihre Brüste spannte, ertasteten meine Hände die süße erigierte Lust. War sie so erregt? Gefiel es ihr, wie ich sie berührte? Ich genoss ihr langes schwarzes Haar, das sich unbändig im Fahrtwind nach mir ausstreckte und mein Gesicht kitzelte. Etwas mutiger presste ich mich noch dichter an sie, bis sie unweigerlich wahrnehmen musste, was ihre Nähe bereits angerichtet hatte. Meine Hände verließen ihre Brüste, um sich nun an ihrer schlanken Taille festzuhalten. Ich spürte ihr weiches Becken, spürte den festen flachen Bauch – und ertappte mich dabei, wie meine wachsende Männlichkeit immer fordernder den Kontakt zu ihr suchte. Wie gerne hätte ich jetzt den Haaransatz in ihrem Nacken geküsst! Wie wunderschön musste es wohl sein, dieses Geschöpf ganz langsam und zärtlich vom Leder zu befreien, bis sich mir die totale Nacktheit ihres Körpers offenbarte? Würde es nicht ein Fest der Sinne sein, wenn sie sich in nackter Vollkommenheit hingab, um mit mir zusammen dem Rausch hemmungsloser Lust auszukosten? Sexuelle Ekstase als Konsequenz der Geschwindigkeit, mit der wir gemeinsam über die Landstraße jagten? Während links und rechts Bäume wie fliegende Geister an uns vorüberschossen, entwickelten meine Hände ein Eigenleben, dem ich mich keineswegs wiedersetzen wollte. Zielsicher tasteten sie sich so weit vor, bis sie schließlich zu den Innenseiten ihrer Schenkel gelangten. Sie suchten. Sie suchten jenen Quell der Leidenschaft, den sie so ungeduldig ohne das störende Leder streicheln wollten. Es war wirklich zum Verzweifeln. Brüste unter Leder. Hüften unter Leder. Ein Po, den ich stundenlang liebkosen könnte, unter Leder. Schenkel, die sich bereitwillig öffnen könnten, um mich zu empfangen – unter Leder!

Leder! Leder! Überall nur dieses verdammte, beschissene Leder! Selbst ihr volles Haar versteckt sie unter einer Lederkappe, statt sie – wie alle normalen Motorradfahrerinnen – in einem robusten Helm unterzubringen. Was nützten mir die lächerlichen Haarsträhnen, die mir ständig ins Gesicht flogen? Sollten sie vielleicht der Ersatz für die nackte Haut sein, von der ich nichts hatte? Diese verfluchte Lederkappe verhinderte es sogar, dass ich auch nur das winzigste Hautpartikelchen ihres Nackens sehen konnte. Nicht einmal dieses Vergnügen war mir vergönnt! Egal, wohin ich sah, tastete oder fühlte – es war immer nur schwarzes Leder! Ich hasse Leder! Ich hasse Leder so sehr, dass ich langsam beginne, auch alles zu hassen, was sich unter dem Leder befindet! Es ist doch völliger Blödsinn, wenn ich dachte, dass sie etwas Besonderes sei. Auch andere Frauen haben einen schönen Körper, den sie nicht unbedingt in eine vakuumverschlossene Lederkombi quetschen müssen! Wahrscheinlich hat dieses Lederwesen noch nicht einmal wahrgenommen, was sich kurzfristig in meiner Hose abspielte. Sie wird auch meine Hände zwischen ihren Beinen nicht gefühlt haben, da das Leder viel zu gefühlsabweisend ist. Ich hätte ihr erst einen Nagel in den Hintern bohren müssen, damit sie überhaupt registriert, dass sie nicht alleine auf dem Bock sitzt! Es fragt sich nur, ob es ohne Hammer möglich war, einen Nagel durchs Leder zu treiben, um auf mich aufmerksam zu machen! Leder! Überall Leder! Glattes, undurchlässiges, liebloses und kaltes Leder. Leder ...

„He! Sie da! Was machen Sie denn da? Verschwinden Sie sofort aus dem Schaufenster! Wenn Sie die Ausstellungsstücke oder die Puppen beschädigen, werden Sie den Schaden bezahlen müssen! Also verschwinden Sie sofort! Los! Hauen Sie ab, sonst rufe ich die Polizei!"

Sex in allen Lebenslagen

Sex für Aktionäre
ISBN 3-8231-1330-5

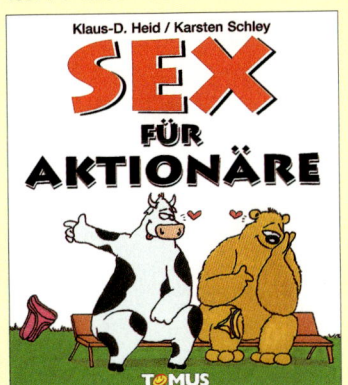

Sex für Golfer
ISBN 3-8231-1328-3

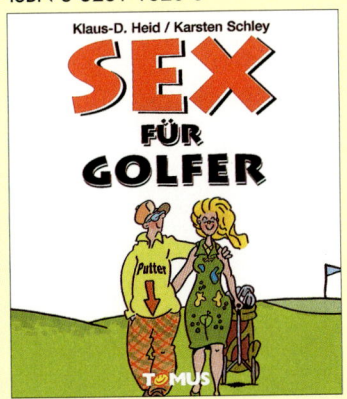

Sex für Autofahrer
ISBN 3-8231-1329-1

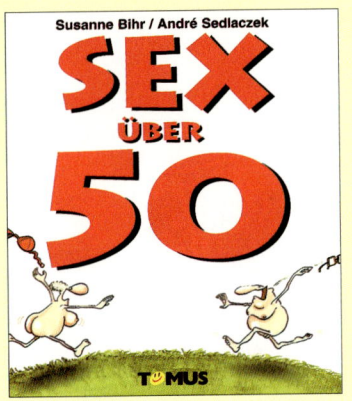

Sex über 50
ISBN 3-8231-1320-8

Sex für Computerfreaks
ISBN 3-8231-1327-5

Sex im Ruhestand
ISBN 3-8231-1325-9

Jeder Band hat 72 Seiten
mit ca. 30 Farbcartoons,
Format 16 x 18,5 cm

Glück und viel Freude ...

Buch und Glückwunschkarte in einem! Ihr ganz persönliches Geschenk zum Verschicken mit witzigen Stories, knallbunten Cartoons und viel Platz für eigene Zeilen.

Jeder Band hat 24 Seiten mit zahlreichen Farbcartoons.
Jeder Titel mit eigenem Kuvert.
Format 10x 18 cm, Briefkuvert 11,5 x 19,5 cm

Beim Golfen!
ISBN 3-8231-1358-5

Zum Geburtstag!
ISBN 3-8231-1365-8

Mit dem Motorrad!
ISBN 3-8231-1366-6

Auf der Karriereleiter!
ISBN 3-8231-1367-4

Im Ruhestand!
ISBN 3-8231-1356-9

Zur Volljährigkeit!
ISBN 3-8231-1359-3

In der Partnerschaft!
ISBN 3-8231-1360-7

Mit dem Führerschein!
ISBN 3-8231-1364-X

Beim Sex!
ISBN 3-8231-1361-5

In der Ehe!
ISBN 3-8231-1362-3

Mit dem neuen Auto!
ISBN 3-8231-1363-1

Im neuen Heim!
ISBN 3-8231-1357-7

Die Fröhlichen Wörterbücher – immer am Puls der Zeit!

Führerschein
ISBN 3-8231-1073-X

Jeder Band hat 92 Seiten mit 46 Farbillustrationen, 21 x 21 cm, lam. Pp.

Salsa
ISBN 3-8231-1072-1

Sex und Erotik
ISBN 3-8231-1074-8

Volljährigkeit
ISBN 3-8231-1075-6